# I LOVE MY MOM
# J'AIME MA MAMAN

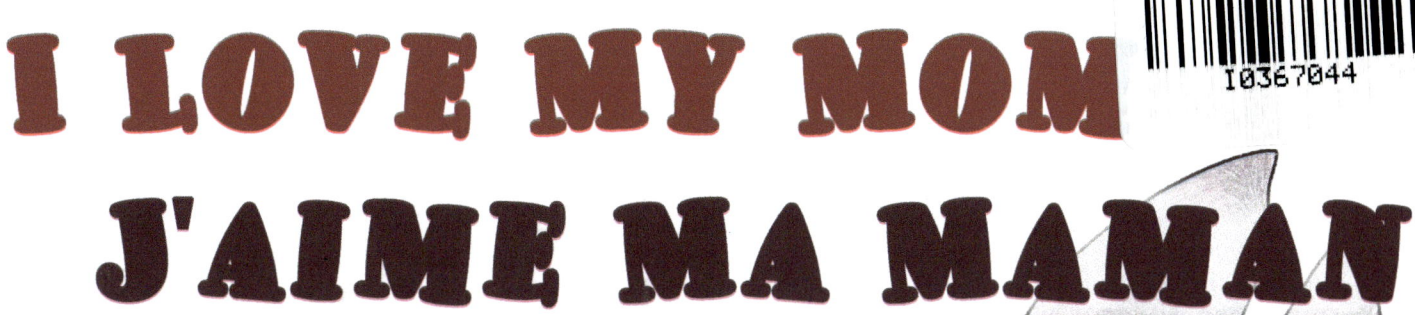

Shelley Admont
Illustrated by Sonal Goyal and Sumit Sakhuja

www.kidkiddos.com
Copyright©2014 by S.A.Publishing ©2017 by KidKiddos Books Ltd.
support@kidkiddos.com

All rights reserved. No part of this book may be reproduced in any form or by any electronic or mechanical means, including information storage and retrieval systems, without written permission from the publisher or author, except in the case of a reviewer, who may quote brief passages embodied in critical articles or in a review.
Second edition

Translated from English by Sarah Dugloud
*Traduit de l'Anglais par Sarah Dugloud*

**Library and Archives Canada Cataloguing in Publication**
I Love My Mom (French Bilingual Edition)/ Shelley Admont
ISBN: 978-1-5259-1319-8 paperback
ISBN: 978-1-77268-143-7 hardcover
ISBN: 978-1-77268-047-8 eBook

Please note that the French and English versions of the story have been written to be as close as possible. However, in some cases they differ in order to accommodate nuances and fluidity of each language.

For those I love the most-S.A.
À ceux que j'aime le plus-S.A.

Tomorrow was Mom's birthday. The little bunny Jimmy and his two older brothers were whispering in their room.

*Demain, c'était l'anniversaire de maman. Le petit lapin Jimmy et ses deux grands frères chuchotaient dans leur chambre.*

"Let's think," said the oldest brother. "The present for Mom should be very special."

*– Réfléchissons, répondit le frère aîné. Le cadeau de Maman doit être très spécial.*

"Jimmy, you always have good ideas," added the middle brother. "What do you think?"

*– Jimmy, tu as toujours de bonnes idées, ajouta le cadet. Qu'en penses-tu?*

"Ahm…" Jimmy started thinking hard. Suddenly he exclaimed, "I can give her my favorite toy — my train!" He took the train out of the toy box and showed it to his brothers.

– Hum… Jimmy commença à réfléchir très fort. Soudain il s'exclama.
– Je peux lui donner mon jouet préféré — mon train ! Il sortit le train du coffre à jouets et le montra à ses frères.

"I don't think Mom likes trains," said the oldest brother. "We need another idea. Something that she will really like."

– Je ne pense pas que maman aime les trains, dit le frère aîné. Il nous faut une autre idée. Quelque chose qu'elle aimera vraiment.

"We can give her a book," screamed the middle brother happily.

– *On peut lui offrir un livre, s'écria joyeusement le cadet.*

"A book? It's a perfect gift for Mom," replied the oldest brother.

– *Un livre ? C'est un cadeau parfait pour maman, répondit l'aîné.*

"Yes, we can give her my favorite book," said the middle brother as he approached the bookshelf.

– *Oui, on pourrait lui donner mon livre favori, dit le frère cadet en se rapprochant de l'étagère.*

"But Mom likes mystery books," said Jimmy sadly, "and this book is for kids."

– *Mais maman aime les romans policiers, dit Jimmy tristement, et ce livre est pour les enfants.*

"I guess you're right," agreed his middle brother. "What should we do?"

*– C'est vrai, tu as raison, approuva son frère cadet. Que doit-on faire?*

The three bunny brothers were sitting and thinking quietly, until the oldest brother finally said,

*Les trois frères lapins étaient assis et réfléchissaient en silence, jusqu'à ce que l'aîné dise finalement:*

"There is only one thing that I can think of. Something that we can do by ourselves, like a card."

*– Il n'y a qu'une chose à laquelle je pense. Quelque chose que l'on peut faire nous-mêmes, comme une carte.*

"We can draw millions of millions of hearts and kisses," said the middle brother.

*– On peut dessiner des millions et des millions de cœurs et de bisous, dit le cadet.*

"And tell Mom how much we love her," added the oldest brother.

*– Et dire à maman combien on l'aime, ajouta l'aîné.*

They all became very excited and started to work.

*Ils devinrent tous très enthousiastes et se mirent au travail.*

Three bunnies worked very hard. They cut and glued, folded and painted.

*Les trois lapins travaillaient très dur. Ils découpaient et collaient, pliaient et peignaient.*

Jimmy and his middle brother drew hearts and kisses. When they finished, they added more hearts and even more kisses.

*Jimmy et son frère cadet dessinaient des cœurs et des bisous. Quand ils eurent fini, ils ajoutèrent encore plus de cœurs et de bisous.*

Then the oldest brother wrote in large letters:
*Puis le frère aîné écrivit en grosses lettres :*

"Happy birthday, Mommy! We love you soooooooo much. Your kids."

"Joyeux anniversaire, Maman ! On t'aime trèèèèèèèès fort. Tes enfants."

Finally, the card was ready. Jimmy smiled.

*Au final, la carte fut prête. Jimmy sourit.*

"I'm sure Mom will like it," he said, wiping his dirty hands on his pants.

*– Je suis sûr que maman va l'adorer ! dit-il en essuyant ses mains sales sur son pantalon.*

"Jimmy," screamed the oldest brother. "Don't you see your hands are covered in paint and glue?"

*– Jimmy, cria son frère aîné. Tu ne vois pas que tes mains sont couvertes de peinture et de colle ?*

"Oh, oh..." said Jimmy. "I didn't notice. Sorry!"

*– Oh, oh... dit Jimmy. Je n'avais pas remarqué. Désolé !*

"Now Mom has to do laundry on her own birthday," added the oldest brother, looking at Jimmy strictly.

– Maintenant maman va devoir faire une lessive le jour de son anniversaire, ajouta le frère aîné, regardant Jimmy sévèrement.

"No way! I won't let this happen!" exclaimed Jimmy. "I'll wash my pants myself." He headed into the bathroom.

*– Pas question ! Je ne la laisserai pas faire ça ! s'exclama Jimmy. Je vais laver mon pantalon moi-même.*
*Il se rendit à la salle de bain.*

Together they washed all the paint and glue from Jimmy's pants and hung them to dry.

*Ensemble ils nettoyèrent toute la peinture et la colle du pantalon de Jimmy et l'étendirent pour qu'il sèche.*

On the way back to their room, Jimmy gave a quick glance into living room and saw their Mom there.

*En revenant à leur chambre, Jimmy lança un rapide coup d'œil dans le salon et y vit leur maman.*

"Look, Mom is sleeping on the couch," whispered Jimmy to his brothers.

*– Regardez, maman dort sur le canapé, murmura Jimmy à ses frères.*

"I'll bring my blanket," said the older brother who ran back to their room.

*– Je vais chercher ma couverture, dit le frère aîné qui retourna rapidement dans leur chambre.*

Jimmy was standing and looking at his Mom sleeping. In that moment he realized what the perfect gift for their Mom should be and smiled.

*Jimmy était resté là et regardait sa maman dormir. À ce moment il comprit quel serait le cadeau parfait pour leur maman. Il sourit.*

"I have an idea!" said Jimmy when the oldest brother came back with the blanket.

*– J'ai une idée ! dit Jimmy quand son aîné revint avec la couverture.*

He whispered something to his brothers and all three bunnies nodded their heads, smiling widely.

*Il murmura quelque chose à ses frères et les trois lapins hochèrent la tête, avec un grand sourire aux lèvres.*

Quietly they approached the couch and covered their Mom with the blanket.

*Ils s'approchèrent silencieusement du canapé et couvrirent leur maman avec la couverture.*

Each of them kissed her gently and whispered, "We love you, Mommy." Mom opened her eyes.

*Chacun d'eux l'embrassa avec douceur et murmura : "on t'aime, maman." Maman ouvrit les yeux.*

"Oh, I love you too," she said, smiling and hugging her sons.

*– Oh, je vous aime aussi ! dit-elle, en souriant et en câlinant ses fils.*

The next morning, the three bunny brothers woke up very early to prepare their surprise present for Mom.

*Le lendemain matin, les trois frères lapins se réveillèrent très tôt pour préparer le cadeau surprise pour maman.*

They brushed their teeth, made their beds perfectly and checked that all the toys were in place.

*Ils se brossèrent les dents, firent leur lit parfaitement et vérifièrent que tous les jouets étaient rangés.*

After that, they headed to the living room to clean the dust and wash the floor.

*Après ça, ils se dirigèrent vers le salon pour nettoyer la poussière et laver le sol.*

Next, they came into the kitchen.
*Ensuite, ils allèrent dans la cuisine.*

"I'll prepare Mom's favorite toasts with strawberry jam," said the oldest brother, "and you, Jimmy, can make her fresh orange juice."
*– Je vais préparer les tartines préférées de maman à la confiture de framboise, dit le frère aîné, et toi, Jimmy, tu peux lui faire son jus d'orange frais.*

"I'll bring some flowers from the garden," said the middle brother who went out the door.
*– Je vais cueillir des fleurs du jardin, dit le cadet qui sortit par la porte.*

When breakfast was ready, the bunnies washed all the dishes and decorated the kitchen with flowers and balloons.

*Quand le petit-déjeuner fut prêt, les lapins firent toute la vaisselle et décorèrent la cuisine avec des fleurs et des ballons.*

The happy bunny brothers entered Mom and Dad's room holding the birthday card, the flowers and the fresh breakfast.

*Les trois joyeux frères lapins entrèrent dans la chambre de maman et de papa en apportant la carte d'anniversaire, les fleurs et le petit-déjeuner tout frais.*

Mom was sitting on the bed. She smiled as she heard her sons singing "Happy Birthday," while they entered the room.

*Maman était assise sur le lit. Elle sourit en entendant ses fils chanter "Joyeux Anniversaire" lorsqu'ils entrèrent dans la chambre.*

"We love you, Mom," they screamed all together.

*– On t'aime, maman, crièrent-ils tous ensemble.*

"It's my best birthday ever!" said Mom, kissing all her sons.

*– C'est mon plus bel anniversaire, dit maman en embrassant ses garçons.*

"You haven't seen everything yet," said Jimmy with a wink to his brothers. "You should check the kitchen and the living room!"

*– Tu n'as pas encore tout vu, dit Jimmy en faisant un clin d'œil à ses frères. Tu devrais aller voir la cuisine et le salon!*

www.ingramcontent.com/pod-product-compliance
Lightning Source LLC
Chambersburg PA
CBHW061142070526
44584CB00033B/4397